L'ENSEIGNEMENT

DU

DROIT ROMAIN

ET LA PAPAUTÉ

PAR M. HENRI BEAUNE

(*Extrait du* SALUT PUBLIC *du 25 Février 1881*)

LYON

IMPRIMERIE DU SALUT PUBLIC

BELLON, RUE DE LA RÉPUBLIQUE. 33

1881

L'ENSEIGNEMENT

DU

DROIT ROMAIN

ET LA PAPAUTÉ

PAR M. HENRI BEAUNE

(*Extrait du* Salut Public *du 25 Février 1881*)

LYON

IMPRIMERIE DU SALUT PUBLIC

BELLON, RUE DE LA RÉPUBLIQUE, 33

1881

L'ENSEIGNEMENT DU DROIT ROMAIN

ET LA PAPAUTÉ

PAR M. HENRI BEAUNE

Il est des penseurs et des écrivains infatigables toujours courbés sur leurs livres et dont les écrits, lus avec avidité, resteront comme de véritables monuments de savoir et de style. De ce nombre est M. Henri Beaune. A peine renversé de son siége de procureur général à la cour de Lyon, qu'il occupait avec tant de distinction, il monte dans l'une des chaires de la Faculté catholique de droit, et y brille par une parole savante et lumineuse. Il écrit, en même temps, une *Introduction à l'étude historique du Droit coutumier français jusqu'à la rédaction officielle des coutumes.* Sujet vaste et du plus haut intérêt, et que les plus osés n'avaient pas tenté, jusqu'à présent, d'embrasser dans son ensemble. Je n'en parlerai pas ici. Déjà

M. F. Rive qui, le premier, a noblement re-
noncé à ses fonctions de procureur général
à Douai pour ne pas exécuter les décrets du
29 mars, vient d'en faire une excellente
étude dans le journal le *Droit*.

En outre, un spécialiste, un de nos professeurs les plus distingués, se propose de
nous donner un compte-rendu complet de
cette œuvre capitale. On pourrait croire
que M. Beaune, après en avoir doté le
monde savant, se reposerait au bout du
long sillon qu'il venait de tracer, comme le
laboureur s'asseoit, après avoir achevé ses
semailles. Mais ce serait mal connaître M.
Beaune. La vie pour lui est un incessant
labeur et ce labeur est pour lui sans fati-
gue. Il a donc repris bien vite sa plume
après avoir achevé la dernière page de l'*Introduction* dont je viens de parler, et nous a
donné un long mémoire sur l'*Enseignement
du Droit romain et la Papauté*.

Cette fois, ce n'est ni un ouvrage doctrinal,
ni un système historique, mais une réfutation
vigoureusement écrite, et avec une exquise
courtoisie, d'assertions émises, deux fois,
par M. le doyen de la Faculté de droit de
l'Etat, qui ont eu un regrettable écho et qu'on
ne pouvait laisser sans protestation. En
effet, M. Caillemer s'est plu, — une pre-
mière fois, devant les délégués des sociétés
savantes, à la Sorbonne, puis, il y a trois
mois à peine, à la rentrée des Facultés de
l'Académie de Lyon,—à soutenir cette thèse:

« qu'au XIIIᵉ siècle, la papauté, obéissant à
un sentiment d'hostilité contre le droit civil,
en avait défendu l'enseignement public dans
les écoles, » ajoutant que « le *jus scriptum*
eût peut-être péri sous les foudres ecclésiastiques, sans le secours des légistes, sans ces
fortes générations d'hommes de loi qui
s'obstinèrent, malgré les défenses, à étudier
le droit civil ». Cette proposition parut si
étrange et d'un tel autre temps que, dès le
lendemain, un de nos plus éminents écrivains, M. Adolphe Tardif, professeur à l'E-
cole des Chartes, se hâta de la réfuter dans la
*Nouvelle Revue historique du Droit français et
étranger*. Je voudrais pouvoir reproduire ici
cette courte, mais généreuse défense de la li-
bérale pensée de l'Eglise, à toutes les époques
et toujours si injustement méconnue, mais la
place me manque. Toutefois, il me suffira de
dire que, malgré la victorieuse réplique de
M. Tardif, dont la science donne tant d'autorité à sa parole, M. le doyen Caillemer ne
s'est pas reconnu pour vaincu. Il a repris
les armes, et c'est encore devant un public
nombreux qu'il a, le 15 novembre dernier, reproduit son système exposé déjà
par lui à la Sorbonne, en le soutenant par
des arguments qu'il croit, sans doute, irré-
futables.

Mais un nouveau jouteur est entré en lice
bien vite, et c'est M. Beaune qui a voulu,
cette fois, réfuter à son tour les assertions
de M. Caillemer. Le lecteur jugera par

l'analyse, malheureusement trop succincte, que je vais donner du Mémoire de M. Beaune, au profit de qui le combat s'est changé en victoire.

M. Caillemer ne s'est pas contenté, je l'ai déjà dit, d'avancer que la papauté avait mis le droit romain en suspicion; il ajoute qu'elle l'a condamné, banni, persécuté même. « Cette assertion, répond M. Beaune, a quelque lieu de surprendre, car elle est inattendue et nouvelle. Il faut qu'elle s'appuie sur des textes bien clairs, bien irréfragables, pour qu'elle rompe avec toutes les traditions de l'histoire, et qu'un érudit versé, comme M. Caillemer, dans l'étude de nos origines juridiques, croie pouvoir la sanctionner de son autorité. Il faut qu'une interprétation neuve et puissante ou la découverte d'un document jusqu'à ce jour demeuré inédit lui ait permis de contredire tous les écrivains qui, depuis plusieurs siècles, ont porté leur examen sur ce point, car, s'ils expliquent diversement la décrétale d'Honorius III et si leurs conjectures sur sa véritable portée diffèrent, aucun d'eux, du moins, n'y a vu un acte spontané d'agression du Saint-Siége contre les lois civiles, une flétrissure prononcée contre le droit romain. »

C'est, en effet, sur une encyclique du pape Honorius III, de l'an 1219, que M. Caillemer s'appuie pour dresser son acte d'accusation contre l'Eglise. Toutefois, il veut bien reconnaître qu'Etienne Pasquier, l'un

des plus célèbres jurisconsultes du XVIe siècle, a dit de cette encyclique : « Déchiffrez
cette décrétale de telle façon qu'il vous plai-
ra, vous y trouverez un tel entrelas de paro-
les que vous serez bien empesché de juger
sur quel pied furent faictes ces défenses. »
Mais, plus osé qu'Etienne Pasquier, M. Caillemer croit pouvoir affirmer que le Souverain-Pontife a obéi, dans sa décrétale de
1219, à un sentiment d'hostilité contre l'E-
tat, et il consacre de nombreuses pages à
soutenir cette thèse. Il veut bien reconnaître, cependant, qu'à l'origine, l'Eglise ne se
montra pas hostile au droit romain, et il
cite de nombreux et d'illustres professeurs
qui l'enseignèrent dans les écoles de la Gaule,
alors très-florissantes ; mais bientôt, dit-il,
un changement apparaît dans les esprits. La
bienveillance de l'Eglise pour cet enseigne -
ment est remplacée par de l'indifférence, qui
ne tardera pas à se changer en hostilité. Le
concile de Reims, en 1131, le deuxième
concile de Latran, en 1139, prohibent l'étude
du droit civil, même celle de la médecine,
parce que Pierre de Blois, saint Bernard et
d'autres auraient proclamé nettement « que
l'étude des lois civiles ne convient pas aux
ecclésiastiques ; — qu'il faut être juriste ou
théologien ; — que ces deux titres sont in-
compatibles ; — que le clerc qui étudie le
droit néglige les livres saints et, enfin, que
les conquètes qu'il fait dans le monde du

droit sont faites aux dépens de la science
sacrée... »

Enfin, ajoute M, Caillemer, apparaît Honorius III, qui étend même aux étudiants de
l'Université de Paris la défense de l'étude
du droit civil. Roger Bacon encourage même
la papauté à maintenir cette prohibition, et
Innocent IV, renchérissant sur Honorius III,
ne voit dans les juristes que des diables vê-
tus de pourpre et de dignes héritiers de Lu-
cifer; mais, avec le temps, l'enseignement
du droit romain est traité plus favorablement et, enfin, en 1669, Louis XIV rétablit
officiellement cet enseignement dans l'Université de Paris.

Après cet exposé historique, M. Caillemer
ajoute que si, pendant le cours du XIII° siècle, la science du droit civil fut honorée en
France, si même à la fin de ce siècle elle
jeta l'éclat momentané que rappellent les
noms de Jacques de Révigny et de Pierre de
Belleperche, ce n'est pas aux pouvoirs ecclésiastiques que l'honneur doit en être rap-
porté.

Tel est, bien sommairement, l'acte d'accusation dressé par M. Caillemer contre l'Eglise,
à laquelle il reproche d'avoir persécuté l'enseignement du droit civil. Mais l'opinion
publique, juge souverain et désintéressé,
a-t-elle accueilli favorablement ce réquisitoire et donné gain de cause à M. Caillemer?
J'ai lieu d'en douter. M. Tardif d'abord,
puis de savants professeurs, des érudits

familiers avec l'histoire des XIIe, XIIIe et
XIVe siècles, enfin M. Beaune ont déjà ré-
futé victorieusement les assertions de M. le
doyen de la Faculté de droit de Lyon. Je
voudrais pouvoir suivre, pied à pied, M.
Beaune dans sa savante plaidoirie, remplie
d'un libéralisme si vrai, d'un esprit exempt
de parti pris, citant exactement les autorités
imposantes qu'il invoque et démontrant que,
plus d'une fois, M. Caillemer, malgré son
grand savoir, les a ou mal comprises ou
mal interprétées. Ainsi, pour ne citer qu'un
exemple, M. Caillemer n'a-t-il pas fait dire
à un grand jurisconsulte tout autre chose
que ce qui a été sa vraie pensée, et cet
homme éminent n'a-t-il pas déclaré haute-
ment que la décrétale d'Honorius III n'a
nullement été dirigée, comme M. Caillemer
le prétend, contre la loi romaine, « mais
qu'elle a visé, au contraire, la puissance
roya'e, puisque, c'était une ambiguïté ar-
tistement couchée pour faire un coup de
supériorité sur la France et enjamber sur la
royauté ? Etienne Pasquier n'a-t-il pas re-
poussé toute autre opinion « *comme une
vraye asnerie* »? Durand de Maillane, à la
fin du dernier siècle, de nos jours M. Lafer-
rière, M. Savigny, M. Gide n'ont-ils pas
partagé le même avis? et cependant
M. Caillemer se garde bien de le dire...

M. le doyen de la Faculté de droit a-t-il
mieux compris la vraie pensée des hommes
éminents du clergé et des jurisconsultes des

premiers temps du Moyen-Age, lesquels déclaraient « qu'il n'est pas bon que le moine se mêle trop au siècle, — qu'il déserte l'autel pour le prétoire, — qu'il se fasse agent d'affaires, — qu'il délaisse la loi de Dieu pour celle des hommes », et qui écrivaient, avec raison : « *Usus legum clericis periculosus* » ?

M. Caillemer a-t-il mieux saisi l'idée dominante des conciles de Reims et de Tours ? Là encore il est permis d'émettre un doute en lisant les preuves sans nombre, les citations si exactes de M. Beaune, les lumineux éclaircissements qu'il donne sur les décisions de ces grandes assises de l'Eglise. Aussi peut-il faire remarquer, avec raison, que M. Caillemer, pour dresser son acte d'accusation, n'a étudié que le côté religieux de la question, laissant dans l'ombre le côté politique, — quoique la politique tienne pourtant sa place dans l'histoire et que son influence ne doive pas être négligée. En effet, M. le doyen semble avoir ignoré qu'à côté du roi il y avait les barons, qui avaient leurs lois, leurs usages, leurs coutumes, — que la France était alors régie par deux législations, — que les coutumes n'avaient pas encore été écrites, quoiqu'on y tînt beaucoup, et que les populations voyaient à regret l'incursion du Code théodosien dans les pays coutumiers.

Philippe-le-Bel a déclaré que « pour toutes les affaires qui ne touchent point aux questions spirituelles ou aux sacrements de la foi, notre royaume est principalement régi par la coutume ou l'usage et *non par le Droit écrit*, et que si dans quelques provinces, en vertu de l'autorisation de nos ancêtres et de la nôtre, nos sujets usent de ce Droit écrit en plusieurs points, *il n'a pas force obligatoire* par lui-même, mais seulement autant que coutume introduite par l'usage. » Ce n'est donc pas l'Eglise qui proscrit le Droit civil; c'est la royauté, ce sont les barons, souvent plus puissants que le roi, qui sont antipathiques au Droit civil qui menace leur pouvoir, leur influence, leur autorité, et c'est à leur instigation que la papauté proscrit le Droit civil de l'enseignement public. La France avait sa loi propre qui lui convenait; pourquoi aurait-elle toléré l'introduction d'une loi étrangère, contraire à sa nature et à l'esprit du temps? Qui sait même si le souvenir de l'ancienne domination romaine, qui avait été si lourde et si désastreuse pour nos pères, n'a pas contribué à faire repousser par le sentiment populaire des lois toujours abhorrées?

M. Caillemer n'admet pas cette résistance des barons, et il interprète à sa manière l'ordonnance de Philippe-le-Bel de 1312, laquelle, cependant, ne laisse aucun doute sur l'exclusion de l'enseignement du droit romain par la royauté.

« C'est une invraisemblance, dit M. le doyen; les barons n'ont pas protesté, non

plus, contre cet enseignement, en s'en plai-
gnant au roi ; car ces mêmes barons étaient
les ennemis de la papauté. Ne voit-on pas,
en effet, en 1205, à Chinon, le comte de San-
cerre et d'autres seigneurs se plaindre à
Philippe-Auguste des prétentions toutes
nouvelles du *seigneur pape* et de ses clercs ?
Vingt ans plus tard, Hugues de Lusignan et
d'autres barons n'écrivent-ils pas aussi au
roi : « Voilà bien longtemps que les clercs
« ne cessent de nous inquiéter ; nous avons
« tant souffert, qu'il nous est impossible de
« continuer à souffrir ?... »

Mais M. Caillemer a oublié de nous dire
le sujet de ces plaintes. Sont-elles motivées
par la prohibition de l'enseignement du
droit civil, ou plutôt n'ont-elles pas pour
cause des excès de pouvoir de quelques
membres du clergé, assez imprudents par-
fois, pour vouloir entraver et même dominer
le pouvoir royal et celui des barons, alors
qu'ils eussent dû rester renfermés dans les
limites de leurs attributions, — imprudence
qu'excusent, du reste, les temps troublés où
elles se produisaient ? L'objection de M.
Caillemer me semble donc sans valeur et je
ne m'y arrêterai pas davantage.

Parlerai-je aussi des lumineux commen-
taires donnés par M. Beaune à la décrétale
d'Innocent IV, dont M. Caillemer a mal lu
le texte et qu'il accuse d'une *hostilité systé-
matique* contre le droit civil ? On sait, au
contraire, comme le fait si bien remarquer

M. Beaune, qu'Innocent IV était si peu
l'ennemi des légistes qu'il s'en entourait
lui-même et qu'en 1245, pendant son long
séjour à Lyon, il rendit un décret solennel
pour établir *à perpétuité* l'enseignement du
droit civil près du siège apostolique. Et où
était alors ce siège? A Lyon même, où ce
Souverain-Pontife avait été obligé de cher-
cher un refuge pour se soustraire à l'ini-
mitié de l'empereur Frédéric II. C'est donc
en France, à Lyon qu'Innocent IV vécut,
entouré des légistes les plus savants. Ne
doit-on pas admettre dès lors qu'Innocent IV aura voulu aussi que ces jurisconsultes attachés à sa cour enseignassent le
droit civil dans l'Ecole épiscopale de Lyon,
encore célèbre à ce moment et dont on ne
connaît encore presque pas l'intéressante
histoire ?

Enfin, M. Beaune termine son savant mémoire par ces lignes que je suis heureux de
reproduire : « Non, l'on ne parviendra jamais à arracher du front de l'Eglise le ra-
dieux diadème qu'y a déposé la reconnais-
sance des peuples. Des jalousies qui le lui
disputent, elle n'a cure. Les critiques pas-
sent, les passions se calment, les injustices
se réparent, les détracteurs s'évanouissent.
Mais si elle est également indifférente à
l'insulte et à la louange, si, vis-à-vis de ses
ennemis comme de ses amis, elle a l'impas-
sibilité des choses qui se sentent immor-

telles, la vérité importe à l'histoire qui, sous
peine de déchéance, ne doit jamais la taire
et qui faillirait à la probité si elle consentait
par son silence à la voiler. Il est donc li-
cite, que dis-je? il est nécessaire de la pour-
suivre cette vérité, même après les travaux
les plus sincères et les plus consciencieux.
Ce n'est pas l'érudition qui s'offense d'une
semblable recherche; elle ne se respecte
jamais qu'en s'offrant librement à une controverse courtoise et loyale. »

A cette sereine et loyale critique, il me
sera permis d'ajouter que ce n'est guère le
moment de dresser des actes d'accusation
passionnés contre l'Eglise, alors que ses en-
fants les plus méritants, les plus riches de
science et de savoir sont arrachés de leurs
pieuses et silencieuses retraites avec une
brutalité qui n'est plus de notre temps, et li-
vrés aux insultes d'une populace pleine de
haines sauvages. En tout cas, il eût été de bon
goût de ne pas lire ce réquisitoire dans une
solennité publique et devant des auditeurs
qui n'avaient pas toutes les pièces du pro-
cès pour juger du mérite de la controverse.
Si M. Caillemer, faisant acte de savant plutôt
que de sectaire, n'eût pas entretenu de ses
recherches un public mal préparé à le com-
prendre, ou peut-être même très-désireux de
travestir sa pensée, ou n'eût pas entendu, au
sortir de la séance solennelle des facultés,
plus d'un assistant dire tout haut et d'un air

vainqueur : « Oui, l'Eglise est l'éternelle en-
nemie de la société civile, et M. Caillemer
l'a prouvé une fois de plus. » Il est des élo-
ges malheureux et qu'un galant homme
devrait être le premier à repousser.

A. Z.

Lyon. — Imp. Bellon, rue de la République, 33.